JN439186

봉황鳳凰, 날다

봉황鳳凰, 날다

오광자 시집

계간문예

| 시인의 말 |

숙성된 언어를 찾는 일은 쉽지 않은 일이었습니다.

더군다나 간추린 시어를 창조하거나 조탁해 내는 일은 무모한 도전 같은 것이었습니다.

시의 근원을 깨우치는 일도 어렵거니와 한 편의 시를 창조하는 일이란 도무지 내게 분수에 닿지 않는 까닭에 힘든 과정을 겪어낸 것 같습니다. 지성이면 감천이랄까, 내겐 행운이 넘쳤던 시간이었습니다. 시를 쓸 수 있었던 시간들이 주마등처럼 머리를 스칩니다. 설익은 글이지만 한편 또 한 편 마련하다보니 세상에 내보일 첫 시집을 상재하게 되었다는 사실에 내가 대견하다싶습니다.

지난날을 돌이켜보면 오늘을 있게 한 남편의 외조와 아들과 딸의 응원은 시를 쓰는 활력이었습니다. 가족 모두의 이해가 시를 쓰는 원동력이었습니다. 난 1945년 해방되던 해 일본에서 태어나 부모님 따라 귀국 후 경북 상주군 상상면 아주 조그마한 마을 곡수골에서 자랐습니다. 고향에서 유년시절을 보낸 시간이 어쩌면 시의 골간을 이루는 형상이었는지도 모릅니다. 4대가 한 지붕 아래 도란거리며 살아온 흔적이 내 시의 뼈가 되었지 싶습니다.

지금 생각하면 쏜살같은 시간이었습니다. 50여 년을 한 둥지 안에서 알뜰하게 챙겨준 남편의 성원이 없었다면 오늘의 나는 존재하지 않았을 것입니다. 이 지면을 통해 정말 고마운 마음 전합니다. 미국 뉴저지에 둥지를 튼 착한 딸과 사위, 자상하고 효성 지극한 아들, 모두 내가 글을 쓰는 버팀목이었습니다. 30 성상을 한국화에 심취했으면서도 시에 천착하게 된 이유가 된 것입니다.

시단에 이름을 올리도록 밀어주신 용인대 한명희 명예교수님, 좋은 시집 발간에 힘을 보태주신 정종명 한국문협 명예회장님, 깔끔한 해설로 저를 마른자리에 올려주신 허형만 교수님, 살뜰하게 살펴준 계간문예 차윤옥 주간님, 첫 시집 탄생에 산파노릇 한 배문석 영등포문인협회 회장님, 오늘이 있도록 지켜보아주신 한국미술협회 화우와, 한국문인협회 문우들께도 고마운 인사 올립니다. 그 외에도 저를 아껴주시고 인도해주신 모든 분께 고마움의 큰 절 올립니다. 많이 부족한 저를 아껴주시고 일으켜주신 하나님 은혜에 감사드립니다.

2017년 4월

오 광 자

차례

제1부 봉황鳳凰, 날다

제2부 고향

3부 시월의 편지

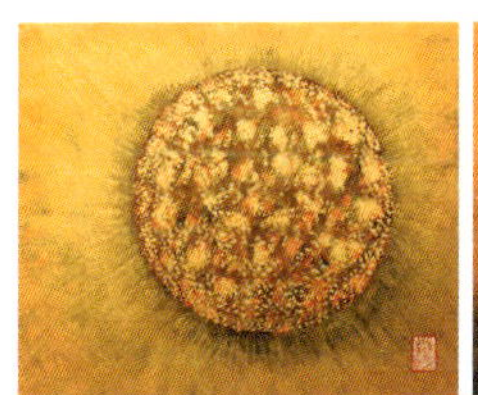

4부 생명의 빛

5부 여왕의 계절

해설

용궁 I　54.0×45.5㎝ 장지에 혼합재료

제1부

봉황鳳凰, 날다

봉황鳳凰, 날다

궁궐 상서로운 날
다섯 가지 노래가 담장을 탄다

군주의 상징 봉황,

날개를 펴면 새 무리가 뒤따르고
슬퍼하면 뭇 새들이 탄식하는 새 아닌 새

생명에게 해를 입히지 않는 상서로운 새
살아있는 풀 위에 앉지 않고
인仁 의義 예禮 덕德 신信을 나타내는 봉황,

무리 짓지 않고
굶주려도
삼천 년 만에 한 번 열리는
대나무 열매만 먹고 산다는 길조,

날개를 펴면 9만 리를 난다는 봉황이 떴다

아무리 허기가 져도
좁쌀을 쪼지 않으며
눈부신 깃털 펼치면 태평성대가 활짝

봉황이 날다 162.2×130.3cm 장지+혼합재료

붉은 닭, 날다

정유년 새아침
빛의 정령

어둠 가르고 날갯짓 하면
우렁찬 울음소리
붉게 피어오른다

부지런의 상징 붉은 닭
새 세상 열려고
목청을 돋는다

동틀 녘
문 · 무 · 용 · 인 · 신
다섯 가지 덕목 담아
붉은 닭 날개를 편다

감촉, 엿듣다

긴 겨울잠 깨어나
파르르 파르르
아스라이 밀려오는
움 부푸는 소리

먼 곳 어디선가
떨리며 내딛는 바람소리
온몸 녹이는
봄빛 여무는 소리

겨우내 움츠린 심지를 돋우다가
다시 기지개 켜고
솔깃하게 귀를 당기는
우주 만물 다스리는 신비로운 소리

어쩌면 알 것만 같은데
잡히지 않고
보이지 않는
아름다운 저 소리

산에 꽃 피우다

깊은 뜻을 담아
두 몸이 한 몸 되어
함께한 여정

아트페어란 이름표 달고
아티스트들의 느낌 담은
벗들 향연

대작을 그리면서 어언 10년
무수한 사연 가슴에 묻고
바람 따라 떠나보내는 붓질의 뒤안

두 손 꼭 잡고 산에 올라
꿈속 쌍무지개
화폭에 당겨 넣는다

새벽을 깨우다

창밖 세상은
밀고 오는 여명에 눈을 뜨고
형형색색 몸빛 밝히려는
충혈된 공간

함께 가라하네
아름다운 꿈, 가꾸면서
기지개 켜고
그리운 곳으로 가라하네

먼 훗날
노을로 물든 언덕 위에 써놓은
무지개 같은 이름들 피어나면
손잡고 함께 가라하네

월경月景

새들 발자국 쫓아
환하게 웃는 달

가는 곳마다
앞장 서 등을 달면

산등선 나뭇가지는
한 폭 산수화

따사로운 정오 53×45.5㎝ 장지+혼합재료

입춘

솜털 덮힌 움들마다
맺힌 이슬 방울방울

담장 넘어 사락사락
오는 봄 기지개 켜는 소리

긴 잠 깨어나
봄빛 물든 연둣빛 하품

봄을 열면

풀숲 가지마다
은빛 샘물 솟아나고

넉넉한 햇살
담장 위로 기어가는데

새 생명 소망 안고
활짝 피어나

기쁨에 찬
향기만 그윽하다

봄 오는 소리

실개천에 청아한
노랫소리 들리네

꽁꽁 얼어붙은 겨울 벗겨 내며
졸졸졸

한 몸인 듯
제각기 내어 주던 분신들

긴 겨울 힘겨운 날들
종다리 높이 울던

앞산 연분홍
그 노래가 들리네

꽃의 향기

계절을 익혀
달콤한 내음이
코끝에 매달린다

아지랑이 가물대듯
아름다운 예감으로
내게 온 너

네 향기에
눈을 감고 잠시
감미로운 말을 듣는다

아직
몽우리에 머금은
이슬처럼

꽃잎에 말 걸며

꽃잎이 입을 연다
여린 과꽃 향기
분홍빛 거품처럼

입술을 열면
수많은 꿈도 피어나고
수백 송이 꽃들이 우르르

마음만 주고받는
귓가 행복
빨강 과꽃 이야기

잔디에 누워

푸른 물 짙게 드리운
높푸른 하늘

향기로운 품에 누워있다
솔솔솔 바람소리 함께

먼 산등성이로
한 마리 새 울음 청아한 한낮

자연의 향기

나무에게

한 그루의 나무가
이야기한다

화려하고 무성했던 지난 날
켜켜이 쌓여진 나이테 이야기

굵어진 마디마다
성스러운 삶을

한 그루의 나무 이야기
뿌리에 새겨 놓는다

초원을 가다

목동들 내달리는 초원
넓은 화선지 위로 말이 달린다
양떼 무리 지어 뛰노는 목장

솜털 구름 뭉게구름
둥둥 떠가는
에메랄드 색지 위에 양이 달린다

일곱 빛깔 무지개 끝간데 없는
광활한 평원 풍경
누가 그릴까?

춘분

밤낮 길이가 같다는
공전의 괘도
바람 타고 피어나는 봄의 전령들

시샘하듯
꽃샘추위 홀연히 벗고
가지마다 벚꽃 만발했네

잠시 피었다
사라지는 새하얀 꽃
아쉬움 뚝뚝 떨어지는 봄의 환희

새들의 노래

먼동이 튼다

앞산 뒷산 울긋불긋
단풍든 산그늘

아슴아슴 밝아오는
그 터에 새들이 날아든다

담장 타고 오르다가
멈칫멈칫 이마 닦는 담쟁이

바람 따라 변하는
변장술의 달인 닮아

먼동 아래 얼굴 붉힌다
지저귀는 아침 위해

뭐 별일까

내 이름은 환쟁이
나뭇가지에 앉아
앞마당 별빛 줍는 생각에
초롱꽃이 웃네

아득한 길 달려온
유난히 밝은 친구
소꿉놀이했던
환쟁이 별인가 봐

아름다운 금강산 404×130㎝ 한지+수묵

제2부

고향

고향

삶은 쉬운 것도
어려운 것도 아닌 것

매일매일 새롭게
이끌려 가면서도

회귀 본능은
쉼 없이 등을 민다

내면에 있던가
아니면 어디에도 같은 길이 없는

향수이며 동경인
그곳이 그립다

강촌 집을 단장하며

가을이 깊어가네
꽃처럼 아름답던 홍엽은
우수수 지고

겨울 문턱에서
옷깃 여미던
찬바람 낚아 가지에 올리네

어디론가 떠나가는 장인들 봇짐
옹기종기 둘러앉아
옛날을 주워 담네

그 손길 스치는 곳마다
예술향 넘치는
나의 집 강촌

내 어머니

어린 시절 뒷동산에 올라
진달래꽃 가득 입에 물고
어머니와 함께 즐거웠던 그 시절

소나무 껍질 벗겨먹고
생솔가지 군불 때며 눈물 훔치던 그 시절
호롱불 벗 삼아 바느질하시던
어머님이 그립다

물들인 무명천
목화솜 검정치마 흰저고리
밤 지새우며 한 땀 한 땀
손수지은 설빔
울 엄마 따뜻한 온기 지금도 온몸을 돈다

사대가 한 지붕 아래 살던 그 시절
할배 할메 아들 손주 둘러앉아
오손 도손 웃음꽃 피우던 그 시절이 그립다

6 · 25로 풍비박산했던 그 시절
하늘 뒤덮은 폭격소리에
먹던 밥 팽개치고 허둥거렸던 그날
어린 남동생 혼자 밥상 머리에 남겨두고
모두 도망쳤던 살벌한 풍경이 등골을 움켜쥔다

미군들이 나누어준 초콜렛 바둑껌 무지개사탕
가을이면 하얀 떡가루에 붉은 팥 듬뿍 올린
찹쌀 시루떡 나누던 그 시절
화자 성자네 댁호가 이름이었던 정겨운 추억들
먼 옛날 전설 같은 이야기다

하늘을 올려다보면
별이 반짝인다
춥지도 덥지도 아픔도 슬픔도 없는 그곳
지금은 아득한 거기 어머니가 계신다

매서운 찬바람에 갈기갈기 갈라진 손등 어루며
맨손으로 양잿물 풀어 빨래하던 그 옛날
쿵딱쿵딱 방망이 소리 여전히 귓전에 선하게 들려온다

이제야 알 것 같다
내 어머니 가슴 시려오는 소리

추정

남편

서로 아쉬워하며
함께한 세월
무엇이 그다지도
미련이 남아

보면 투정 부리고
안 보면 보고 싶은
무촌 사이

인생길 잠시
쉬어가는 동안
그리도 멀고
힘들었던가?

울고 웃고
코미디 같은 인생
구비 구비 산 넘고 물 건너
검은머리 파뿌리가 되었네

거울

거울 속 누군가가
웃음을 던지네

알 듯 말 듯 가끔은 거울 속에서
울고 있는 미지의 새가 있네

거울은
심술쟁이인가 봐

백설공주 계모가 좋아했다는
맑디맑은 거울

마음 속 깊은 곳도 환히 보이고
예쁜 마음 속 읽는 요술쟁이

꿈

무지갯빛 채색
향기 가득한 환상의 강
기쁨이 샘솟는
한 폭 그림이고 싶은

때로 흔들리면
엎어지고
뒤집어질 수 있는
은쟁반

다 그리지 못한 편지

꽃 피고
새 우는 봄이면
곱고 화사한 이름에게
편지를 쓴다

밤마다 써둔 그림에게
내 말의 색을 입히고
구름꽃 춤추는 별들 속으로 나를 싣는다

내 그림자 뒤로 따라오는
봄도 소리를 낮추는데
햇살 너그럽게 펴는
붓질만 인자한 하늘바다

무상

꽃 피고 새 울고
낙엽 지면
홀연히 벗고

당당히 서있는
저 아름다운 모습

비우고
또 비우면
얼마나 행복할까?

옥류봉 162.1×130.3cm 한지+수묵담채

금강산

가는 세월
누가 잡을 수 없으니
이제 우리 하나 되자

꽃피면 함께 피고
낙엽지면 함께 지는
우리 금강산

꽃보다 아름다운 금강산에서
우리는 한핏줄 다함께 노래하고
우리는 한형제 다함께 뛰어놀자

꽃눈

창밖은 설국
은빛가루 내려오며
소곤소곤

새하얀 몸빛으로
소복소복

풍성한 가지엔 함박꽃
앙상한 가지엔
눈물만 가득

멍석

그 옛날
멍석 깐 대청마루 밑
나란히 벗어 놓은 게다짝

처마 밑
그늘 찾아
함께 웃던 멍석자리

마당 옆 우물가
주렁주렁 빨간 앵두
추억 담긴 황금빛 마당

몽골의 밤

끝없이 펼쳐진
검은 화선지 위
우주가 거기에 있었네

북두칠성 견우직녀가
황금빛 마차 타고
내려오는 그 곳

우주의 신비 53.0×45.5㎝ 장지에 혼합재료

대자연 속 몽골

광활한 우주공간
대자연 속에
형언 할 수 없는 기쁨이 안겨온다

꽃들 노래가 들리고
양떼 몰던 목동들
콧노래가 초원에 내려앉으면
하늘은 별들로 가득하다

무수히 내리는 별빛들
풀잎 갈피에 숨을 때마다
몽골의 밤하늘
그분의 솜씨 알 것만 같다

분단 70년

같은 하늘 아래
남과 북 허리 잘린 휴전선
철조망에 붉은 눈물만 얽혀 있네

뿌리가 같은 단군의 자손
우리는 백의민족
한 핏줄 나눈 형제

굽히지 않는 당당함으로
세계 어디에도 없는
고추보다 매운 우리민족

희망의 꽃 피워내자
남과 북 힘을 합해
삼천리금수강산 곳곳마다
융성한 우리민족 얼을

여정

아무도 보이지 않는
우주 공간

싱그러운 발길로
오롯이 가는 길

지구가 도는 그 길 위로
사랑의 띠 펼쳐 놓네

우주 I 53.0×45.5cm 장지에 혼합재료

우주 33.4×24.3㎝ 한지+채색

호수공원 걸으며

아침 햇살 낮게 퍼지면
성문은 장엄하게 열리고

삼삼오오 재잘대며
한껏 꾸민 사람들 행렬

성으로 들어가는 눈빛이 가녀리다
철없는 하나님의 피조물들

호숫가의 밤

하늘을 이불 삼아
양팔 베고 누워
별을 찾는다

불빛에 가려
숨어 버린 별들
어린 시절이
볼을 타고 흐른다

솔바람 향긋한 이 밤
달님과 별님 술래잡기로
호수는 은빛 물결만
자맥질한다

가을이 오는 소리 53.0×45.5㎝ 캔버스에 혼합재료

제3부

시월의 편지

시월의 편지

계절이 옷을 바꿔 입으면
시름이 어깨 위로 깊어지기도 하고
떠나간 사람이
그리워지기도 합니다

이름만 입에 올려도
금방 달려가 보고픈 친구
셋이 함께라면
낙엽만 굴러도 배꼽 잡는 순수,

서로 나누면서
위로하고
서로 사랑하면서
용서하던 벗들

시시때때로 보고 싶은 이름들도
다 내려놓고 사노라면
시월이 발길에 뚝뚝 떨어져
가을만 깊게 드리워집니다

가을 길목에서

찌는 열기
바람으로 올라
높은 곳 어디쯤에서 흩어지고
두둥실 피어오른 뭉게구름
너울너울 춤을 추면
산들바람 흥이 나서
앞동산 뒷동산은
오색 술래잡기로 신이 난다
계절이 지나가는 틈으로
붉게 물든 잎들
벗으라 하지 않아도
한잎 두잎 지는 노래
바스락 바스락

낙엽

산이 색색으로 물들면
가을 지나가는 소리 들리네

우듬지에 무지갯빛 바람 걸리면
한 잎 두 잎 지는 계절을 읽네

싱그럽던 풀잎들도
이제는 물기를 거두고

산등선 오른 저녁노을
내 가슴 붉게 출렁이면

잠시 머물다 가는 우리
그분 섭리 알 것만 같네

가을 오는 소리

높은 구름 사이로
고추잠자리 날면

호수 옆 갈대
솜털 날리며 아쉬움에 떠네

서산에 기우는 햇살도
그 발자국에 시름만 깊어가네

간이역

한낮을 졸고 있는 조그만 정거장
떠날 때나 돌아올 때
제각기 사연 담고
잠시 눈맞춤 했던 기차역

너 나 할 것 없이 지금은
핸드폰만 기적을 대신하는
고개 숙인 청춘들 풍경이 낯선 곳

때로는
뭇시선 아랑곳 하지 않고
한없이 훌쩍거리며 옷고름 적시던
고개 숙인 여인이
기억 저편에 서있다

쓸쓸하지 않는 기다림도
환호성이 없는 마중도
다 비우고 내려놓고
잠시 쉬어가면 좋을 쉼터

흰나비

꼬마 흰나비 한 마리
꽃들 웃는 꽃밭에 앉아
샘난 바람에 파닥인다

향기로운 꽃술 속에서
꿀을 빨던 행복한 순간들,

퍼덕이다 사라지는
은빛날개 위로
빗살처럼 쪼개진 햇살만 화창하다

국화이야기

국화

헝클어진 머리에
에메랄드빛 하늘 고여 두고
고결한 자태로 피어난 꽃

하얗게 얼굴 편 꽃송이
저 꽃 숙성되면
불로장생주不老長生酒라

잠 잘 때도
꽃길에 들면
행복에 취하나니

밤 밝히는 이랑마다
섬섬옥수
그 향기에 취해 가을만 깊다

안개

깊은 골 휘어 감고
장막을 치네

바람 한 줄기 흔들거려도
요동도 없이

굽이굽이 휘어 감고
오솔길 내는 걸까 멋진 세상 만드는 걸까

잠시 드리웠다 걷어지면
천지창조

동공 속을 누비는
수묵화 한 폭

낙조

서산마루에 붉게 물든
하루가 뉘엿뉘엿

영원히 함께 하고파
몸만 타오르는데

잠시 머물다 가는 섭리
알 것만 같아
고개 꺾는다

갈대 116.7×90.9㎝ 장지에 혼합재료

갈대

서걱서걱
슬피 우는 저 소리
지는 계절 앓는 신음들

바람결에 흔들리는
푸르고 싶은 충동
뿌리로 뿌리로 삭여내며
보낸 숱한 시간

은유의 빛을 향해
사랑이 머문
기도소리

벼가 익을 때

누런 물결이 넘실거리는
황금빛 들판
고개 숙인 벼가 말을 건다

알알이 영근 이삭
어깨를 마주하고 속삭인다
겸손하라 그리고

누구든 오만을 지우고
하늘의 계시를 들어라
추수할 곡식들과 날선 사람들에게

벼익는 가을날

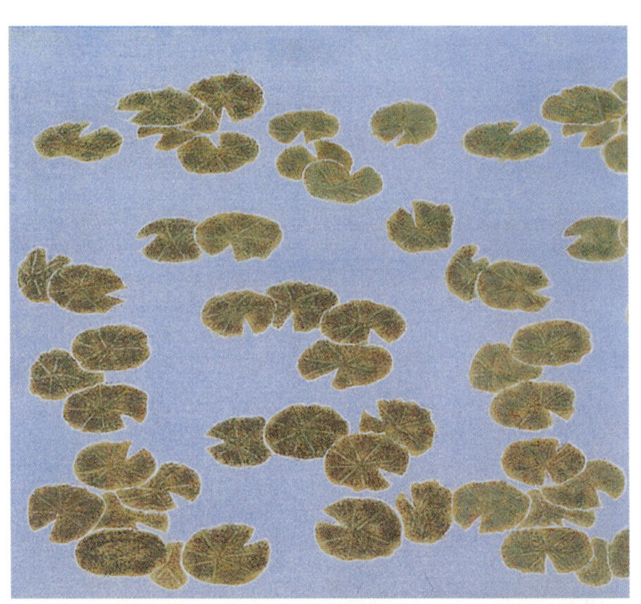

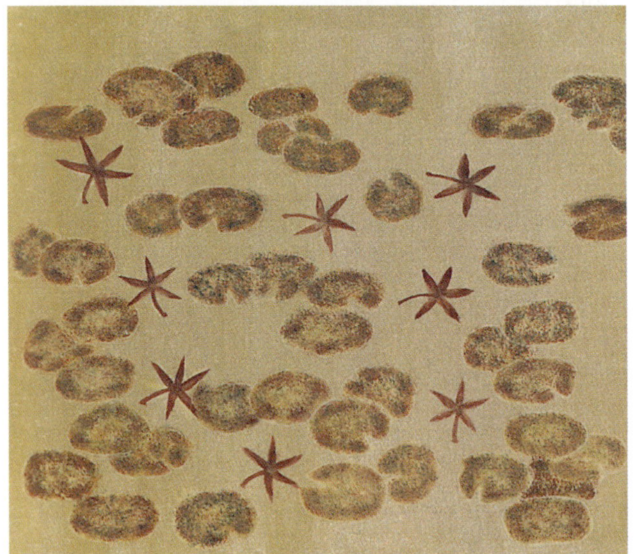

호수가에서 40.5×40.59cm +2 한지+채색

단풍

세상은 온통 황금물결
연녹색 화관 쓰고
보랏빛, 노란빛, 흰빛,
한 때 화려하고 우아함이
솨솨 소리에 귀를 열고
비단옷 갈아입는다
붉은 리본 노란 리본
오롯이 매듭지으며
바삭바삭 바스라지는
오색 날개 퍼덕이는 소리
가을 닫는 소리

능소화

높은 담장 너머
궁궐 어귀

밖을 훔쳐보려고
목을 뺀다

주황색 꽃잎마다
보고픔만 그렁그렁

매화

눈을 뚫고
얼굴 내민 붉은 자태
고매한 설중매

서슬 퍼런 찬바람 맞서며
분홍빛 미소 머금은
온화한 인품

잎보다 먼저 세상 밝히는
고결한 향기
온 세상이 취한다

벚꽃

눈부신 햇살 속
사랑이 핀다

하얗게 눈을 열고
소르르 소르르

오가는 인파 속
제 몫의 웃음 짓는 꽃

구름 같은 상춘객
꽃비로 축복하는 봄

서정

모란

앞마당 꽃밭
탐스럽게 핀 꽃

부귀영화 한가득
화단을 채웠네

석류

황금빛 마당 우물가에
가지마다 빨간 보석 알알이 매단
계절이 주렁주렁

영글어 온 하늘을 이고
반짝이는 붉은 입술 내민 저 품위

새코롬한 미소 한 아름에
친구랑 놀던
옛 추억이 붉게 충혈 된다

봉숭아

앞마당 꽃밭
빨간빛 분홍빛 꽃등 달고
꽃대 실하게 무리 지어 핀 손톱꽃

햇살 너그러운 오후
손톱 위 분홍빛 소망 얹고
싸맨 손등 풀릴세라 밤잠 설친 그 때

꽃물 든 손이 눈시울을 붉힌다
모깃불 아련하게 심지 돋우는 오늘,
깔깔 웃던 그날을 낚고 있다

자연의 향기 90.9×113.7㎝+3 한지+채색

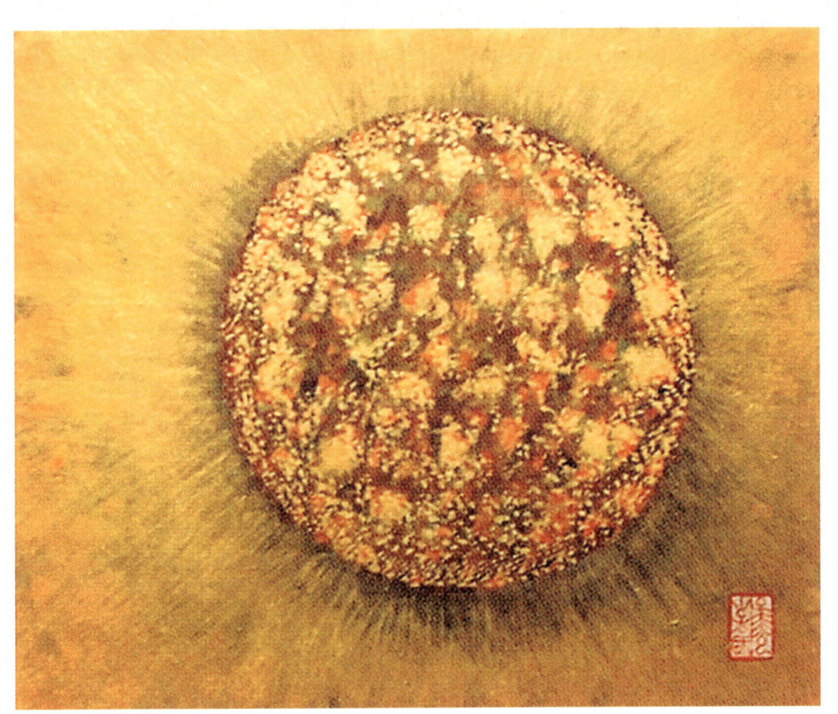

천지창조 27.3×22cm 2EA 장지+채색

제4부

생명의 빛

생명의 빛

별은
생명의 숨소리
세상을 읽는다

별과 달과 그리고
세상의 생명들은
주님의 빛 되어

주님의 음성
하늘 보좌에
울려 퍼진다

아름다운 생명이
있는 한

기도

주님
높은 곳에서 푸르게 넘실거리는
말씀이 귀에 쟁쟁합니다
코스모스 활짝 웃는
그 풍경 그 향기도
눈부신 당신의 솜씨입니다

주님
오묘한 세상만물의 조화도
당신이 빚은 솜씨요
참된 세상도 당신의 말씀이십니다
하늘을 우러러
뉴을 감아도 빛으로 이끄시는 당신,

마음 깊이
새하얀 화선지 펴서
세상 무엇도 빛으로 머무는
주님
늘 함께 하옵소서

사랑을 함께 하는 집에서

멀어질 듯 멀어질 듯
이어온 낡은 현의 마지막
내 삶에 뻗쳐오른
믿음의 목마른 광기

지독히 곤고했던 날들이 즐비하다
생명줄 놓칠 뻔한 여러 고비
발목까지 차오르는 어둠의 층계를 딛고
몇 번이고 회개하던 그 겨울 강가

나는 가끔 회개한다
살아온 만큼 상처 난
멀미나는 세상에서
나의 작은 소망을 가꾸고 싶다

그리우면 그리운 채로
목마르면 목마른 채로
상처 난 것이면 아픔 그대로
사랑의 보자기에 감싸 안고 싶다

나는 지금
사랑이 함께 하는 집 앞에서
내 소망을 키우는
희망찬 아침의 창을 열고 있다

천지창조 27.3×22cm 2EA 장지+채색

산에 오르니

산을 오른다
허리끈 조여 매고
허위허위 오른 산길

깊은 한숨 쉬어가며
앞만 보고 올라 정상에 섰다

손끝에 잡힐 것 같은
하늘 가까운 곳

쥐었던 솜털 구름
잠시 내려놓고 눈을 감는다

세상이 온통
꽃밭인 걸 몰랐다

축복

조용히 눈을 감고
높은 곳을 향해
기도합니다

부끄러움 없는
삶이 되도록

나의 하루 중에서
가장 소중한 것
드릴 수만 있다면

새해 첫날

둥근 해가 솟는다
간절한 소망 안고

봄 이야기

서설

새해 벽두
온 세상은 눈꽃으로 덮였다

홀연히 벗은 가지에
탐스럽게 피어난 눈꽃

눈부신 햇살
새하얀 세상

눈꽃에 묻혀
변치 않으면 얼마나 좋을까?

솜씨

아름다운 세상
우주의 신비함은
주님의 섭리

빛과 그림자
자연의 신비함은
주님의 세계

천지 만물
세상 빛 되게 하신
주님의 경이

하늘문

눈을 들 수 없습니다

당신의
얼굴 볼 수 없어
흰옷자락 붙들고 무릎을 꿇습니다

망각을 헤집고
깊은 잠에서 헤맬 때
듣지 못한 당신의 음성 다시 귀담아 챙기려고

수만 번 깨어나려 해도
한없이 깊은 곳으로 밀려 왔던 나락
이제 눈을 들어 당신을 향합니다

기도하게 하소서
목마른 영혼
하늘문 열게 하소서

함께 가요

아름다운 동산으로
우리 함께 가요

꽃 피고 새들 노래하는
아름다운 동산으로
우리 함께 가요

높고 넓은 세상으로
날개 펴듯 손에 손 잡고
우리 함께 가요

비둘기 나는
평화의 나라로
우리 함께 가요

해바라기

돌담 옆 지나
키 큰 얼굴이 고개를 숙인다
따사로운 햇볕
씨앗에 품고
알알이 영글어 고개를 꺾는다
허리 휘감은 비바람 지나던 날들
구부러진 얼굴도 활짝 펴서
탐스럽게 얽힌 여름이야기
살래살래 얼굴 붉히는
돌담 저편
키 큰 해바라기

달아

나뭇가지에 앉은 달아
네가 웃을 때나
얼굴을 감출 때
밝고 높은 하늘 위
큰 별 작은 별은 제각기
억겁을 반짝반짝

달아 밝은 달아
하늘이 울 때 너도 울고
바람이 심술 날 때
너는 고즈넉이 세상을 밝혔다
밝고 맑은 얼굴로
어둠을 몰아내는 환한 숨

달님

곱게 물들인 나뭇잎 사이로
노란풍선 하나
두둥실

가야금 선율 타고
별들이 노래하는 허공에서
어깨도 나란히

우수수 떨어진
단풍잎에 스민
달님 발걸음 한 발 두 발

귀로 보는 소리

긴 겨울잠 깨어나
바스락 바스락
파아란 움트는 소리

먼 곳 어디선가
온몸 녹여주는
온돌 같은 소리

움츠린 마음
녹여주는
넉넉한 바람소리

새 생명 탯줄 끊고
우주 만물 다스리는
신비로운 바람소리

알 것만 같은
볼 수 있고 느낄 수 있는
그분 오는 발자국소리

잠시 머물다

창밖
아름답던 나뭇잎들
한잎 두잎 지는 소리

형형색색
곱게 차려 입었던
아름다운 시간들

오고 가는 행인들
눈 길 유혹하는
파르르 파르르 낙엽 지는 소리

앙상한 모습 그대로
홀연히 서있는
그분의 섭리

과수원

가지마다 탐스러운 사과가 달렸다
주님의 창조물
아가페 사랑으로
주신 선물

만 가지 색으로 수놓으며
달콤한 맛과 향기 듬뿍
놀라운 주님 솜씨

나무마다 주렁주렁
풍성한 아가페 사랑을
낯선 이웃들과
함께 나누고 싶다

아침, 부활하다

햇살이 눈부시다
부활의 아침
산과 들
온갖 만물 소생하는
주님의
아름다운 솜씨

두견이 노래
청아하게 들려오는
부활의 아침
하늘 땅 삼라만상
주님의
경이로운 창조

자연의 향기 90.9×113.7cm+3 한지+채색

서정

제5부

여왕의 계절

여왕의 계절

오월은 피고
또 지고 있네
장미 흐드러진 골목
어귀 어디쯤
머물러 있는 내 그림자

새들 노래하고
다람쥐 술래 놀이하는 동산
손에 손 잡고 꽃대궐로 가자하네

창밖을 보니

은빛 화선지 위
한 폭 수묵화

누가 밤새 그리도 아름답게
대작을 만들었을까

참, 아름답다

은빛 순백의 화선지
멋지고 아름다운 당신의 손길

당신과 함께라면 이 세상 끝까지
손에 손 잡고 함께 가리

내 친구 별

옆산 나뭇가지에 앉아
앞마당 내리는 빛
웃음만 가득하네

맑게 올라간 높은 곳
유난히 밝은 친구
먼 곳에 있는
내 친구 별 인가 봐

바람소리 1

매서운 혹한
어디로 밀려 가고

따사로운 봄
오는 소리 들리네

보고 듣고 느낄 수 있는
새 생명 눈 켜는 소리

쉬어가는 인생

코미디 같은 인생
지난 세월 뉘라서 잡을 꼬

돌아오지 않는 흔적들
너는 어찌 그리도
잡지도 못하느냐

한번 가면 다시는
돌아오지 않는 세월아
잠시 쉬어 가자

이 아름다운 세상
누릴 수만 있다면
저 하늘 끝까지 달려가
붙들고 싶은데

구름은
가는 세월에 속아
유혹하는 구름 따라
가고만 있네

새벽을 깨우다

형형색색
붉은 햇살 피어오르면

그윽한 향기 담아
함께 가라 하네

아름다운 꿈 엮으면서
기지개 펴고 가라 하네

먼 훗날
무지개 수 놓으면
손잡고 함께 가라 하네

노을 물 제주바다

청아한 하늘바다
하얀 구름꽃

맑고 파아란
화선지 위에
붉게 피는 낙조

잠시 머물다 등대 넘어
바다 품고 넘어가네

우리네 인생도
다시 무지개 꽃으로 피어
바라볼 수 있으면 좋겠네

밀경密景

꽃 피고 새 울고
오색으로 수 놓은
천지창조

어둠 밀어내고
두 주먹 꼭 쥔 채
눈부시게 피어나는 순간들

두 손 펴고
비우고 또 비우면
그 분의 눈길처럼 채색 될 수 있을까?

참새의 변

하늘 높이 날던 잠자리도
잠시 머물다 떠나고
함께 놀던 참새떼도
가뭇없이 떠나는

우리네 인생도
바람처럼
흘러가고 있네

형제

검정 무명이불 밑에 나란히 누워
구수한 냄새 꽃피웠던 그 옛날

놋대야에 담긴
고양이 세수

어머니 배앓이 하시며
육남매 품에 안아 키우던 곳
정겨운 그 시절
그 곳이 그립구나

자연의 향기 90.9×113.7cm×3 한지+채색

서정

작품해설

시중유화詩中有畵, 그 깊은 시심詩心과 신앙심

허 형 만(시인 · 목포대 명예교수)

● 오광자의 시 세계 ●

시중유화詩中有畵, 그 깊은 시심詩心과 신앙심

허 형 만
(시인 · 목포대 명예교수)

오광자 시인은 화가이기도 하다. 이번에 첫 시집 《봉황鳳凰, 날다》는 시인으로서, 그리고 우리에게 선보이는 전시회는 화가로서의 자신을 오롯이 드러내 보여주는 잔치임이 분명하다. 일찍이 소동파가 왕유의 시를 평하면서 했던 말, "시중유화詩中有畵 화중유시畵中有詩"라든가, 그리스의 시인 시모니데스가 "회화는 말없는 시요, 시는 말하는 그림"이라고 설파한 대로 오광자 시인은 언어로서의 시와, 선과 색채로서의 그림이 하나 되는 그 깊고 맑은 시심詩心과 신앙심을 우리에게 보여주고 있으니 이 얼마나 행복한가.

오광자 시인은 말한다. "나는 지금/사랑이 함께 하는 집

앞에서/내 소망을 키우는/희망찬 아침의 창을 열고 있다"(《사랑을 함께 하는 집에서》)고. 시인은 '시인의 말'에서 "시의 근원을 깨우치는 일도 어렵거니와 한 편의 시를 창조하는 일이란 도무지 내겐 분수에 닿지 않는 까닭에 힘든 과정을 겪어낸 것 같습니다. 지성이면 감천이랄까. 내겐 행운이 넘쳤던 시간이었습니다. 설익은 글이지만 한 편 또 한 편 마련하다보니 세상에 내보일 첫 시집을 상재하게 되었다는 사실에 내가 대견하다"싶다고 소회를 피력하면서 "50여 년을 한 둥지 안에서 알뜰하게 챙겨준 남편의 성원", 그리고 "미국 뉴저지에 둥지를 튼 착한 딸과 사위, 자상하고 효성 지극한 아들, 모두"의 덕분에 "30 성상을 한국화에 심취했으면서도 시에 천착하게 된 이유가 된 것"이라고 감회를 피력하고 있다. 그렇다. 오광자 시인의 첫 시집은 세계 안에서 언어와 선과 색채를 통해 시인으로서, 동양화가로서의 생애와 예술정신이 온전히 녹아있는 장대한 한 폭의 그림, 그리고 독실한 신앙정신을 우리에게 보여주기에 부족함이 없다.

궁궐 상서로운 날
다섯 가지 노래가 담장을 탄다

군주의 상징 봉황,

날개를 펴면 새 무리가 뒤따르고
슬퍼하면 뭇 새들이 탄식하는 새 아닌 새

생명에게 해를 입히지 않는 상서로운 새
살아있는 풀 위에 앉지 않고
인仁 의義 예禮 덕德 신信을 나타내는 봉황,

무리 짓지 않고
굶주려도
삼천 년 만에 한번 열리는
대나무 열매만 먹고 산다는 길조,

날개를 펴면 9만 리를 난다는 봉황이 떴다

아무리 허기가 져도
좁쌀을 쪼지 않으며
눈부신 깃털 펼치면 태평성대가 활짝.

—〈봉황鳳凰, 날다〉 전문

봉황鳳凰은 고대 중국의 전설에 나오는 상서로운 새를 일컫는다. 수컷은 봉鳳, 암컷은 황凰이라고 하는데 두 마리의 사이가 좋아 통상 합쳐서 부른다. "날개를 펴면 새 무리가

따르고/슬퍼하면 뭇 새들이 탄식하는" 봉황은 뭇 새들의 왕으로서 귀하게 여긴다. 그래서 천자의 궁문이나 천자의 수레, 천자의 의자나 벽면에 봉황을 장식함으로써 천자를 상징하고 그 권위를 뽐어낸다. 봉황의 울음소리는 묘음妙音으로 "궁궐 상서로운 날/다섯 가지 노래"를 듣는 듯하고, 5색의 깃털을 가졌기에 "인仁 의義 예禮 덕德 신信을 나타"내기도 한다.

이는 정유년 새 아침을 연 붉은 닭이 "문, 무, 용, 인, 신/다섯 가지 덕목 담아 날개를"(〈붉은 닭, 날다〉) 편 것과 같은 이미지이다. 봉황은 오동나무에 살면서 감천甘泉을 마시고, "삼천 년 만에 한 번 열리는/대나무 열매만 먹고 산다는 길조"로 알려져 있다.

여기까지는 '봉황'에 대한 전설이다. 중요한 것은 시인이 단순히 여기에 그치지 않고 "생명에게 해를 입히지 않는", "살아있는 풀 위에 앉지 않"는 봉황의 생명사랑을 강조하고 있다는 점이다.

이는 한사코 군주가 갖추어야 할 덕목만이 아니다. 오히려 시인이 어머니를 그리워하며 떠올린 "사대가 한 지붕 아래 살던 그 시절/할배 할매 아들 손주 둘러앉아/오손도손 웃음꽃 피우던"(〈내 어머니〉), 그리고 "모깃불 아련하게 심지 돋우는/깔깔 웃던 그날"(〈봉숭아〉) 시인의 가정과 연결되어 있는 메타포에 더 주의를 기울일 필요가 있다.

또한 "무리 짓지 않고", "아무리 허기가 져도/좁쌀을 쪼지 않"는 봉황과 같은, "눈을 뚫고/얼굴 내민 붉은 자태, 고매한 설중매"(《매화》)와 같은 시인의 올곧은 삶에도 관심을 가질 필요가 있다. 이러한 가정과 삶은 시인에게 있어 신령스러운 새인 봉황이 날 듯, 자신의 깊고 맑은 시정신이 독자들과 함께 "아름다운 꿈, 가꾸면서//먼 훗날/노을로 물든 언덕 위에 써놓은/무지개 같은 이름들 피어나면/손잡고"(《새벽을 깨우다》) 가는 한 행복하지 않을 수 없을 터이기 때문이다.

깊은 뜻을 담아
두 몸이 한 몸 되어
함께한 여정

아트페어란 이름표 달고
아티스트들의 느낌 담은
벗들 향연

대작을 그리면서 어언 10년
무수한 사연 가슴에 묻고
바람 따라 떠나보내는 붓질의 뒤안

두 손 꼭 잡고 산에 올라
꿈속 쌍무지개
화폭에 당겨 넣는다

—〈산에 꽃 피우다〉 전문

시인의 삶과 작품이 서로 영향을 미치는 것은 당연하다. 특히 오광자 시인의 경우, 시 작품이나 화가로서 창조해내는 그림에서도 이 영향관계는 당연히 한 몸이 될 수밖에 없다. 다시 말해 시인으로서의 창작열이 화가로서 그림에 고스란히 녹아든다거나 화가로서의 색채미가 시인으로서 시 작품에 언어로 표현되는 경우처럼 말이다. 즉, 시인이란 사람 속에서 시와 그림이 상호침투 작용을 일으킨다는 말이다. 이 점에 있어서는 일찍이 얀 무카로브스키가 〈시인이란 무엇인가〉라는 글에서 “시인은 몇 가지 예술분야 사이에서 동요될 수 있다. 예컨대 어떤 예술가가 시인이자, 화가이거나 배우인 경우가 있다. 다른 경우에는 본래 시인인 예술가가 딜레당트로 다른 예술에 관여하는 경우도 있다.”고 지적한 바 있다.

위의 시 〈산에 꽃 피우다〉의 경우가 바로 얀 무카로브스키가 피력한대로 시인과 화가가 상호침투 작용을 하고 있음을 잘 보여주고 있다. 시인이 화가로서 스케치를 위해 산에 올라 풍경을 “화폭에 당겨 넣는” 모습이 눈앞에 선하게 그려지는 이 시는 화구와 시인이 두 몸이 아니라 한 몸이라는 사실을 은연중에 밝히고 있다.

오광자 시인은 스스로를 대담하게 "내 이름은 환쟁이"(〈뉘 별일까〉)라고 공표한다. 밤하늘의 별도 "환쟁이 별"인가 보다고 상상한다. 그만큼 시인에게는 "대작을 그리면서 어언 10년/무수한 사연 가슴에 묻고/바람 따라 떠나보내는 붓질"에 감회가 깊다. 오죽하면 몽골에 여행가서도 밤하늘을 보고 "끝없이 펼쳐진/검은 화선지 위/우주가 거기 있었다"(〈몽골의 밤〉)고 상상하거나, 드넓은 평원을 바라보며 "일곱 빛깔 끝 간 데 없는/광활한 평원 풍경/누가 그릴까?"(〈초원을 가다〉)라고 화가로서의 심미안을 한사코 숨기지 않는다.

깊은 골 휘어 감고
장막을 치네

바람 한 줄기 흔들거려도
요동도 없이

굽이굽이 휘어 감고
오솔길 내는 걸까 멋진 세상 만드는 걸까

잠시 드리웠다 걷어지면
천지창조

동공 속을 누비는
수묵화 한 폭

– 〈안개〉 전문

안개를 시로 쓴 시인들이 많다. 흔히 미지의 세계라든가 신비의 세계, 또는 모호한 심리상태를 상징화 할 때 많이 동원되는 소재이기도 하다. 정치적인 용어로는 한 치 앞을 내다볼 수 없는 정세에 빗대어 '안개정국' 이라고도 말한다. 그러나 오광자 시인은 "동공 속을 누비는/수묵화 한 폭"으로 채색한다. 왜냐하면 안개가 "잠시 드리웠다 걷어지면" 곧바로 "천지창조"가 이루어는 신세계가 펼쳐지기 때문이다. 보라. 안개가 "장막"을 걷고 "천지창조"로 변환하는 과정이 참말로 수묵화 한 폭에 고스란히 담겨있시 않은가? 화가가 보는 우주, 이 우주에서 풍겨오는 색감을 온몸으로 느끼는 시인은 산등선 나뭇가지도 "한 폭 산수화"(《월경月景》)로 눈을 즐겁게 하고, 강촌에 있는 자신의 집을 단장하면서 "예술향 넘치는"(《강촌 집을 단장하며》) 감흥을 맛보고, 곱고 화사한 이름에게 편지를 쓰면서 "내 그림자 뒤로 따라오는/봄도 소리를 낮추는데/햇살 너그럽게 펴는/붓질만 인자한 하늘바다"(《다 그리지 못한 편지》)를 꿈꾸고 있다.

긴 겨울잠 깨어나
파르르 파르르
아스라이 밀려오는
움 부푸는 소리

먼 곳 어디선가
떨리며 내딛는 바람소리
온몸 녹이는
봄빛 여무는 소리

겨우내 움츠린 심지를 돋우다가
다시 기지개 켜고
솔깃하게 귀를 당기는
우주 만물 다스리는 신비로운 소리

어쩌면 알 것만 같은데
잡히지 않고
보이지 않는
아름다운 저 소리

—〈감촉, 엿듣다〉 전문

오광자 시인에게는 우주의 내밀한 소리, 즉 "움 부푸는 소리", "봄빛 여무는 소리", "우주 만물 다스리는 신비로운 소리"를 듣는 마음의 귀가 있다. 이 "아름다운 소리"가 비록 "잡히지 않고", "보이지 않는" 소리일지라도 시인은 귀를 기울여 듣고자 한다. 이처럼 집중해서 듣고자 하는 정신이야말로 시인이 갖추어야 할 자세가 아닐까.

오광자 시인이 화가이기도 하니 눈으로 본다고 표현할 줄만 알았다면 그건 큰 오산이다. 예로부터 선비들은 꽃이 피면 꽃을 눈으로 본다고 하거나 꽃향기를 코로 맡는다고 말하지 않고 꽃향기를 듣는다고 표현했다. 그래서 문향聞香이라고 했던 것이다. 오광자 시인도 이를 잘 알고 있기에 "네 향기에/눈을 감고 잠시/감미로운 말을 듣는다"(《꽃의 향기》). 또한 이 시에서처럼 새로운 봄날 우주의 모든 감촉을 보거나 만져서 느끼는 게 아니라 듣는다.

그리하여 이 귀로 들은 소리들이 채색으로 다시 승화되어 시가 되고 그림이 되는 것이다. 그러기에 가을에는 "산이 색색으로 물들면/가을 지나가는 소리"(《낙엽》)라든가 "지는 계절 앓는 신음들"(《갈대》), 그리고 황금빛 들판의 고개 숙인 벼가 "겸손하라 그리고/누구든 오만을 지우고/하늘의 계시를 들어라"(《벼가 익을 때》)고 하는 말에 귀를 기울인다. 그리고 겨울에는 "은빛가루 내려오며/소곤소곤"(《꽃눈》) 들리는 미세한 소리도 듣는다. 다음 시는 또 어떤가.

긴 겨울잠 깨어나
바스락 바스락
파아란 움트는 소리

먼 곳 어디선가
온몸 녹여주는
온돌 같은 소리

움츠린 마음
녹여주는
넉넉한 바람소리

새 생명 탯줄 끊고
우주 만물 다스리는
신비로운 바람소리

알 것만 같은
볼 수 있고 느낄 수 있는
그분 오는 발자국 소리

– 〈귀로 보는 소리〉 전문

앞에서 살펴보았던 시 〈감촉, 엿듣다〉와 같은 이미지와 메타포로 이루어진 이 시 또한 오광자 시인의 시적 성격과 시정신을 잘 드러내 보여준다. 《채근담》에 "세상 사람들은 고작 유자서有字書나 읽을 줄 알았지 무자서無字書를 읽을 줄 모르며, 유현금有絃琴이나 뜯을 줄 알았지 무현금無絃琴은 뜯을 줄 모른다.

그 정신을 찾으려 하지 않고 껍데기만 쫓아다니는데 어찌 금서琴書의 참맛을 알 도리가 있겠는가?"라고 하였다. 참으로 오광자 시인은 시인이으로서 동시에 화가로서 세계를 오직 눈으로만 보아서는 작품 하나도 제대로 이루어 낼 수 없음을 잘 알고 있기에 "긴 겨울잠 깨어나/바스락 바스락/파아란 움트는 소리"를 듣고, "움츠린 마음/녹여주는/넉넉한 바람소리"도 듣는다.

시인은 이와 같은 소리들을 "우주 만물 다스리는/신비로운" 소리로 받아들인다. 어디 그뿐인가. "먼 산등성이로/한 마리 새 울음 청아"(〈잔디에 누워〉)하게 듣기도 하고, 한 그루의 나무가 "화려하고 무성했던 지난 날/켜켜이 쌓여진 나이테 이야기"(〈나무에게〉)도 들으니, 오광자 시인이야말로 '금서琴書의 참맛'과 '무현금無絃琴', '문향聞香'의 의미를 온몸으로 받아들이는 시인임을 알겠다. 그러면 이러한 시정신은 어디에 근원하는가? 그것은 분명 세계에 대한 고마움과 사랑을 온몸으로 품고 사는 독실한 신앙심일 터이다.

주님

높은 곳에서 푸르게 넘실거리는

말씀이 귀에 쟁쟁합니다

코스모스 활짝 웃는

그 풍경 그 향기도

눈부신 당신의 솜씨입니다

주님

오묘한 세상만물의 조화도

당신이 빚은 솜씨요

참된 세상도 당신의 말씀이십니다

하늘을 우러러

눈을 감아도 빛으로 이끄시는 당신

마음 깊이

새하얀 화선지 펴서

세상 무엇도 빛으로 머무는

주님

늘 함께 하옵소서

—〈기도〉 전문

이 시를 읽고 있노라면 성경의 창세기 말씀들이 떠오른다. 하나님의 천지창조를 찬양하는 오광자 시인의 기도가 "가지마다 탐스러운 사과가 달렸다/주님의 창조물/(…)/달콤한 맛과 향기/놀라움 주님 솜씨"(《과수원》)라고 찬양하는 모습과 한 몸이다. 또한 "햇살이 눈부시다/부활의 아침/산과 들/온갖 만물 소생하는/(…)/두견이 노래/청아하게 들려오는/부활의 아침/하늘 땅 삼라만상"(《아침, 부활하다》) 이 모두 주님의 아름다운 솜씨이고 주님의 경이로운 창조라고 믿으며 찬양하는 마음이 참으로 독실한 신앙심을 보게 한다.

이 믿음이 〈기도〉에서 "높은 곳에서 푸르게 넘실거리는/말씀이 귀에 쟁쟁"하게 하고, "참된 세상도 당신의 말씀"으로 듣게 하는 힘을 갖는다. "마음 깊이/새하얀 화선지 펴서" 시인은 기도한다. "세상 무엇도 빛으로 머무는/주님 늘 함께 하옵소서". 이처럼 독실한 신앙심은 어디에서 왔는가. 먼저 시인의 간증을 들어보자.

> 지독히 곤고했던 날들이 즐비하다
> 생명줄 놓칠 뻔한 여러 고비
> 발목까지 차오르는 어둠의 층계를 딛고
> 몇 번이고 회개하던 그 겨울 강가
>
> 나는 가끔 회개한다

살아온 만큼 상처 난
멀미나는 세상에서
나의 작은 소망을 가꾸고 싶다

그리우면 그리운 채로
목마르면 갈증인 채로
상처 난 것이면 아픔 그대로
사랑의 보자기에 감싸 안고 싶다

–〈사랑을 함께 하는 집에서〉 부분

이 간증에 의하면 시인의 삶이 순탄하지만은 안했음을 짐작케 한다. "지독히 곤고했던", "생명줄 놓칠 뻔한" 순간을 "몇 번이고 회개" 하면서 시인이 지탱할 수 있었던 것은 제목에서처럼 "사랑을 함께 하는 집"이 있었기 때문이다. 오광자 시인은 우리가 앞에서 잠깐 살펴보았듯이 '시인의 말' 에서 남다르게 가족을 챙기고 있음을 본다.

먼저 "50여 년을 한 둥지 안에서 알뜰하게 챙겨준 남편의 성원이 없었다면" 오늘의 자신은 존재하지 않았다고 고백하고 이 귀한 첫 시집을 출간하는 자리에서 "정말 고맙다"는 말을 전한다. 이어서 미국 뉴저지에 살고 있는 딸과 사위, 효성 지극한 아들까지, 아내와 어머니로서의 지난했던 생애를 엿보기는 그리 어렵지 않는 것 같다. 참으로 시인의 지나온 생애는 간절했으리라.

그래서 시인의 신앙심은 더욱 깊어만 가는지도 모를 일이다. 여기 우리 모두 〈하늘로 눈을 꽂다〉에서 올리는 통절한 기도를 들어보자.

"기도하게 하소서 목마른 영혼 하늘을 열게 하소서"

계간문예시인선 117

오광자 시집_ 봉황鳳凰, 날다

1판 1쇄 발행 | 2017년 5월 20일
2판 1쇄 발행 | 2017년 5월 23일

지 은 이 | 오광자
회　　장 | 서정환
발 행 인 | 정종명
편집주간 | 차윤옥

펴낸곳 | 도서출판 계간문예
편집부 | 03132 서울 종로구 삼일대로 30길 21 종로오피스텔 808호
주소 | 03132 서울 종로구 삼일대로 32길 36 운현신화타워 305호
전화 | 02-3675-5633, 070-8806-4052
팩스 | 02-766-4052
이메일 | munin5633@naver.com
등록 | 2005년 3월 9일 제300-2005-34호
ISBN 978-89-6554-155-4 04810
ISBN 978-89-6554-118-9 (세트)

값 10,000원

잘못 만들어진 책은 바꾸어 드립니다.

이 도서의 국립중앙도서관 출판예정도서목록(CIP)은 서지정보유통지원시스템 홈페이지(http://seoji.nl.go.kr)와 국가자료공동목록시스템(http://www.nl.go.kr/kolisnet)에서 이용하실 수 있습니다. (CIP제어번호: CIP2017011798)